AF262228

OBSERVATIONS

POUR le citoyen Baruch Cerf-Berr, régisseur des achats des subsistances militaires, à l'armée du Rhin;

EN RÉPONSE

AU GÉNÉRAL CUSTINES.

Le général Custines, dans une lettre qu'il a adressée à la convention nationale le premier avril, s'exprime ainsi :

« L'armée occupe une position en avant de Landau:
» elle a des subsistances, & elle en auroit encore beau-
» coup plus, si mes ordres avoient été exécutés: on y
» auroit versé celles que j'ai été obligé de détruire à
» Worms & à Frankenthal. Car, malgré mes ordres
» réitérés de n'avoir que de très-foibles magasins dans
» ces villes, & quoique j'eusse déjà fait évacuer deux
» fois ceux qui avoient été formés, j'en ai encore
» trouvé le 30 de très-considérables en foin, paille &
» avoine, que j'ai été obligé de faire brûler radicalement.

A

» Cet abus n'a eu lieu que *parce qu'il m'a été impossible*
» *d'avoir justice de Baruch Cerf-Berr, dont je connoissois*
» *depuis long-tems les vastes et perfides projets*, DE
» TENIR PRETS DES MAGASINS POUR NOS ENNEMIS,
» *sur les points où ils pourroient en avoir besoin, dans*
» *le cas où ils réussiroient à passer le Rhin.* J'étois alors
» éloigné de croire que le succès des événemens qui
» pourroient les mettre dans leurs mains, feroit l'aban-
» don du revers et des défilés des Vosges. *Il y avoit*
» *8,000 sacs de farines de plus que je n'en avois ordonné*
» *d'y tenir ;* j'ai été forcé en partant de faire jetter
» à l'eau les farines, & de brûler radicalement les
» magasins de fourrages. »

Sur cette accusation, articulée dans des termes aussi
positifs, la convention crut devoir s'assurer de ma
personne, & par un décret du 4 avril, elle prononça
que je serois mis en état d'arrestation. J'étois alors à
Strasbourg, où j'ai appris par les papiers publics, le
décret lancé contre moi ; j'en ai vainement attendu
l'exécution pendant trois femaines ; enfin, j'ai pris le
parti de venir près de la convention nationale me sou-
mettre à la vengeance des loix. J'ai vu le ministre de
la justice, je lui ai rappellé le décret, et j'en ai demandé
moi-même l'exécution. Ce premier devoir rempli, je
vais discuter l'accusation intentée contre moi, je vais
prouver mon innocence.

Ma justification fera fimple ; elle confiftera dans le
narré fidel de mes opérations, et ce que je dirai fera

appuyé fur des piéces que j'apporte à la convention nationale.

Je détruirai 1º. les faits qui me font imputés;

Je tracerai 2º. une légère efquiffe des intrigues employées contre le directoire de qui j'ai reçu ma miffion, & des entraves femées par-tout devant moi.

Vous connoiffez mes projets perfides! Vous allez donc, général, les communiquer au public & à nos juges; vous allez me démafquer & me confondre. Oui, je vous fomme, je vous interpelle de précifer les faits, de rapporter les preuves qui vous ont donné *cette connoiffance de mes projets :* vous les énoncerez toutes, ou votre filence prouvera quelle confiance on doit avoir dans vos allégations.

Je ne ferai pas ici étalage de patriotifme; ce n'eft pas avec des phrafes & des proteftations qu'on le juftifie; mais je dirai avec fierté, fans crainte d'être démenti, qu'il n'eft aucun de ceux de mes concitoyens de qui je fuis connu qui ne foit forcé de convenir que ma conduite & mes fentimens, toujours uniformes, ont toujours été ceux d'un bon citoyen qui aime fa patrie, qui adore la liberté, qui révère les loix, la juftice et la vertu.

VOICI LES FAITS.

Nommé par le directoire des achats, régiffeur à l'armée du Rhin, j'avois à fervir des troupes dans un pays depuis long-tems épuifé; les lieux occupés par nous ne préfentoient que de foibles reffources; il falloit en chercher plus loin. Le Palatinat nous étoit ouvert & c'étoit pour la république un double avantage de nou approvifionner au-delà du Rhin; c'étoit diminuer le reffources de l'ennemi en augmentant les nôtres; mai Francfort n'étoit plus à nous, mais les rives du Rhi n'étoient pas libres par-tout; il nous falloit choifir pour réunir nos denrées, des paffages qui fuffent notre difpofition. Worms & Frankenthal fe préfentoien feuls : nous n'avons dû, nous n'avons pû former qu là les entrepôts que nous étions chargés d'établir.

Dira-t-on que les denrées ne devoient qu'entrer paffa gèrement dans Worms & Frankenthal? J'en conviendrai mais en ajoutant que leur transport ultérieur étoit un opération étrangère à ma miffion; que la régie manu tentionnaire créée pour cet objet, en étoit feule chargée je dirai que les magafins de Worms & Frankenthal appar tenoient à cette régie, que parconféquent dans ce deux points les denrées étoient déjà remifes entre fe mains. Je dirai que j'ai follicité l'évacuation, quoiqu'ell me fut étrangère, que j'en ai obtenu l'ordre après d longues inftances du commiffaire général, dont le pre mier devoir eût été d'en prévenir la demande. Dès l 8 janvier je lui mandois : (A) « Je vous prie de vou » loir bien faire opérer le verfement fur Mayence pa » des voitures d'ordonnance, faute d'autres. »

(B) Le 18 du même mois je lui répétois la même chofe (C) « Donnez des ordres, lui difois-je, pour qu'il foi

» mis des emplacemens à la difpofition de mes prépofés,
» afin de pouvoir y dépofer les denrées, &c. »

(D) Le 20, je lui écrivois : « Mon agent m'a mandé
» que les magafins de Frankenthal étoient pleins, donnez
» vos ordres pour le verfement fur Landau , &c. »

Enfin, le 19 février, je lui adreffois une autre lettre
ainfi conçue : « Nous vous adreffons copie de la lettre
» du citoyen Auguier & du commiffaire des guerres
» Eugène, par lefquelles vous verrez l'état de pénurie
» de foin dans lequel fe trouve la ville de Mayence,
» après que vous nous avez fur-tout vous-même tran-
» quillifé fur le fervice, en nous difant d'être fans
» inquiétude, et qu'il étoit affuré pour deux mois,
» fuivant l'état que vous aviez, & d'après les ordres
» que vous aviez d'abord donnés, d'opérer un verfe-
» ment de cette denrée de Worms fur Mayence; fi vos
» ordres font mal exécutés, la refponfabilité du fervice
» ne doit pas pefer fur nous.... C'eft donc à vous
» à veiller à leur exécution, & nous vous prions de les
» réitérer pour l'exécution du verfement, &c. »

Le commiffaire général répondoit par des lettres des
12 & 20 février : (E) Par la première; « je vous ai
» informé des verfemens qui alloient avoir lieu, & ils
» doivent s'effectuer *dans ce moment des places de*
» *Frankenthal & Worms fur Mayence & Landau.* »

(F) Par la feconde du 20, il répétoit les mêmes
expreffions , il nous affuroit qu'il venoit de renouveller
les mêmes ordres.

Ainſi, quoique ces verſemens ne fuſſent pas à m[a]
charge, quoiqu'ils ne duſſent m'occuper en aucun[e]
manière, cependant j'ai follicité, infiſté, importun[é]
pour obtenir des ordres de ceux qui devoient les donne[r]
& qui n'auroient pas dû attendre que je les rappellaſſ[e]
à leurs devoirs.

Est-ce donc là la conduite d'un homme perfide
capable de préparer aux ennemis de ſa patrie, la faci
lité de la combattre & de la déchirer ? Cette idée m[e]
fait horreur.

Cuſtines ajoute : « l'armée auroit encore beaucou[p]
» plus de fubſiſtances, ſi mes ordres avoient été exécutés
» on y auroit verſé celles que j'ai été obligé de détruir[e]
» à Worms & à Frankenthal; car, malgré mes ordre[s]
» réitérés de n'avoir que de très-foibles magaſins dan[s]
» ces villes, & quoique j'euſſe déjà fait évacuer deu[x]
» fois ceux qui avoient été formés, j'en ai encore trouv[é]
» le 30 mars de très-conſidérables en foin, paille &
» avoine, que j'ai été obligé de faire brûler radicale
» ment. »

Le général auroit-il oublié que je n'ai pas même p[u]
parvenir à placer dans ces deux villes tout ce qu'il avo[it]
ordonné qu'on y mît ? que j'ai des ordres ſignés de lu[i]
en date du 30 décembre (G) & des lettres de ſervice d[u]
commiſſaire général des 30 décembre & 9 février (I),
qui le prouvent ?

Dans cette dernière, Villemanzy me demande [:]
« Quand on commencera à verſer ſur Worms les deux

» mille facs de farine, *& quel est le motif du retard de*
» *cette livraison ?* »

(M) Le 21 février, dix jours avant que je quittasses
le fervice, il m'écrivoit : « il faut que vous complettiez
» 4,000 facs à Worms & que vous l'entreteniez à ce
» taux d'approvifionnemens. »

Eh bien! Je n'ai jamais pu parvenir à y completter
ces approvifionnemens, mes regiftres & les marchés que
je faifois paffer à mefure au directoire général ; prouvent
que je n'ai mis à Worms que 3,221 facs ; on ne m'en
a paffé en compte que cette quantité & je n'en réclame
pas davantage ; & cependant Cuftines ajoute : « il y
avoit 8,000 facs de farine de plus que ce que j'avois
ordonné d'y tenir.

Quand un homme public, un homme revêtu d'un
grand pouvoir, dénonce un fonctionnaire, il doit plus
que tout autre s'éclairer fur fa conduite ; s'il n'écoute
que fa prévention ou celle des autres, s'il n'obéit qu'à
fa fougue ; je vous le demande, Cuftines, quel nom
doit-on lui donner ?

Le général fe plaint d'avoir été obligé de brûler ou
de jetter à l'eau le 30 mars tous ces immenfes approvifionnemens qui n'étoient, dit-il, que le fruit de ma
perfidie.

Auroit-il oublié que dès le premier mars j'avois ceffé
toutes fonctions ? que le 12 j'avois rendu mes comptes ;
que le 13 j'avois quitté l'armée ? fans doute, le général
n'a point oublié ces faits récens ; comment donc ofe-t-il

m'imputer des délits d'une adminiſtration à laquelle j'étois devenu totalement étranger depuis quatre ſemaines?

Ici, je me permettrai une réflexion; le général n'a-t-il pas été trompé ſur la force des approviſionnemens? n'a-t-il pas eu une confiance trop aveugle dans les aſſertions de certaines gens? ces hommes qui lui ont impudemment affirmé qu'il y avoit à Worms 8,000 ſacs de farine par-delà les 4,000 ordonnés, tandis qu'il n'étoit jamais entré en tout que 3,221 ſacs dans cette ville, ces mêmes hommes, dis-je, n'auroient-ils pas inventé des approviſionnemens? ces hommes n'auroient-ils pas eu quelqu'intérêt à inventer une perte conſidérable, & ne leur auroit-il pas paru commode de m'accuſer & de ſe faire payer d'approviſionnemens qui n'exiſtoient pas? d'ailleurs, n'eſt-ce pas déjà cette adminiſtration que le public accuſe d'avoir livré à l'ennemi l'immenſe approviſionnement de la Belgique?

On me reproche d'avoir amoncelé à Frankenthal des fourrages qu'on a également été obligé de faire brûler. Ma réponſe eſt tranchante.

On ſavoit, on ſait que ma miſſion ſe bornoit à faire des achats; que le ſoin de faire les verſemens de tel lieu dans un autre, & en général, de faire emmagaſiner les ſubſiſtances, ne me concernoit pas; il y avoit pour ces objets une adminiſtration diſtributive chargée uniquement & excluſivement des tranſports : ce mot ſeul répond à la lettre entière du général, & me met à l'abri de toute inculpation. Ainſi, quand même les magaſins

fins de Worms et de Frankenthal euffent été trop fournis, ce n'eft pas à moi qu'on devroit l'imputer, parce que ce n'étoit pas à moi qu'on donnoit les ordres de la diftribution.

Difons un mot des entraves dont on m'a entouré.

Nommé régiffeur des achats, je reçus la dépêche de ma nomination le 11 décembre; je partis à l'inftant pour Mayence avec Théodore Cerf-Berr, mon frère & mon co-régiffeur; notre fervice devoit commencer le premier janvier; j'avois ordre de le préparer, de l'affurer par des achats pour lefquels j'avois reçu du directoire, en partant, des mandats pour une fomme de 240,000 l. A mon arrivée, je me préfentai pour en recevoir le paiement, il me fut refufé; je m'adreffai au commiffaire général Villemanzy qui, par fa lettre (N) du 14 décembre, motive ce refus fur la défenfe du général & fur le défaut d'autorifation du miniftre de la guerre. J'infiftai vainement, je ne pus obtenir, après douze jours d'inftances & de retard, qu'un à-compte de 50,000 par forme de prêt & à charge d'en donner en mon nom perfonnel une reconnoiffance; cependant, (m'écrivoit le citoyen Villemanzy, dès le 14 décembre) « nos befoins en fubfif-» tances font urgens, & je ne doute pas que par une » fuite de votre zèle & de votre patriotifme vous ne » trouviez des reffources. »

Ce ftyle du commiffaire général eft affez fingulier, & une pareille manière d'exiger l'approvifionnement d'une armée, feroit fort commode; mais elle pourroit ne pas

B

réuffir toujours. J'en trouvai cependant, des reffources
je les trouvai dans le crédit que me procura un nom
que la probité de mon père & fes longs fervices on
rendu refpeétable. Dans le laps d'environ 15 jours nou
parvînmes, mon frère & moi, fans aucuns fonds publics
à faire des achats pour plus de cent mille écus.

C'eft ainfi que je commençai mes opérations, & voic
dans quelle fituation je trouvai les magafins que j'éto
chargé d'approvifionner.

Les trois points principaux fur lefquels devoient
faire les verfemens, étoient Mayence, Worms & Landa
Le commiffaire-général m'écrivoit le 31 décembre : »
» Mayence, il exifte à peine des fourrages pour hu
» jours ». Le 8 janvier, il annonçoit que le fervice éto
au moment d'y manquer. Enfin, le 11 du même mois
(O) le citoyen Probft, commiffaire des guerres à La
dau, mandoit : » Il refte à peine, dans les magafins
» cette place, pour le fervice jufqu'au 15 de ce mois »
c'eft-à-dire pour trois jours.

Certainement tous ces rapports ne font pas fufpeét
il devoit trop en coûter à ceux qui me les faifoien
d'avouer une femblable détreffe , que leur devoir éto
d'empêcher, pour qu'on les en croyent, lorfqu'ils fo
forcés d'en convenir. C'eût été peu de chofe qu'un d
nuement fi funefte, fi on ne fe fût pas, en quelque fort
occupé d'avance de m'ôter tous les moyens de le fai
ceffer. Non-feulement l'adminiftration avoit laiffé ma
quer de tout, mais elle avoit détruit dans ce pays tout
crédit dont nous euffions dû jouir. Le commiffaire d
guerres Thierry m'écrivoit le 10 janvier : » Vous av

» connu par vous-même le peu de confiance que l'on a
» dans ce pays, & nous ne pouvons efpérer de la faire
» renaître, qu'en rempliffant avec exactitude les enga-
» gagemens que vous contracterez ». Et cependant cette
adminiftration avoit pu faire fes achats jufqu'aux premiers jours de décembre, à l'inftant de la prife de Francfort, par-tout où il lui plaifoit. Elle pouvoit envoyer
fes agens au loin, & fuivre le cours du Rhin, dont
toutes les rives, jufqu'à fon embouchure, lui étoient
ouvertes. Pour moi, je fus circonfcris dans des limites
très-étroites. Le premier ordre que je reçus, fut de ne
faire d'achats ni fur le territoire françois, ni chez l'E-
lecteur Palatin ; le refte étoit occupé par l'ennemi. On
m'avoit laiffé moins de trente lieues à parcourir, & ce
terrein, furchargé, depuis long-tems, de troupes nom-
breufes, avoit été dévafté par les Pruffiens, ou épuifé
par mes prédéceffeurs. J'ai payé cependant toutes les
fournitures à un taux bien moins élevé que ne l'avoit
fait trois mois auparavant, & dans des tems fi heureux,
l'ancienne adminifttation. Mais on n'en fera plus fur-
pris, quand on faura qu'elle traitoit au plus avec deux
ou trois fourniffeurs. J'en ai plus de cinq cents, & je
prouve que j'ai fait des marchés de 30 quintaux de foin.

Je viens de parler de quelques difficultés que j'avois
à vaincre. A chaque pas, je rencontrai des obftacles
bien plus décourageans. Le plus terrible de tous étoit
le défaut habituel de fonds ; non que le directoire m'en
laiffât manquer, il m'adreffoit au moins fix cents mille
livres par femaine, mais en mandat fur le payeur de
l'armée, dont je ne pouvois obtenir le payement qu'a-

vec des peines infinies. Il m'eſt arrivé d'en avoir pour plus de 1,500,000 livres, qu'on laiſſoit accumuler dans mon portefeuille, & qu'on refuſoit d'acquitter. Ma correſpondance entière n'eſt remplie que de mes plaintes à cet égard, & de demandes ſans ceſſe réitérées, & trop ſouvent infructueuſes. Non-ſeulement on me laiſſoit ainſi dans l'impoſſibilité de payer les fourniſſeurs, mais par une manœuvre plus coupable, on cherchoit à écarter ceux-ci. Des gardes-magaſin de l'adminiſtration manutentionnaire, les rébutoient & les chaſſoient. Tantôr on refuſoit de la paille, parce qu'elle étoit en bottes, & ſous d'autres prétextes auſſi indécens; tantôt, après la délivrance de pluſieurs bateaux, on offroit des bons d'une quantité moindre que celle qui venoit d'être emmagaſinée, ou on exigeoit du fourniſſeur qu'il reprît ſa denrée. Un ſimple garde-magaſin (le ſieur Barthelemi) a oſé confiſquer & menacer de les brûler, des grains & des pailles, ſans les avoir payés, ſous prétexte qu'ils étoient de mauvaiſe qualité; & cela ſans aucun examen, ſans l'aſſiſtance d'aucun officier public. Tous ces faits ſont atteſtés par mes lettres aux commiſſaires de la Convention près l'armée du Rhin, au directoire & au commiſſaire-général, des 15, 16 & 22 janvier.

Un de mes principaux fourniſſeurs m'écrivoit le 22: » C'eſt avec bien du chagrin que je me trouve dans la » néceſſité de vous avertir qu'il m'eſt impoſſible de rem- » plir les engagemens que j'ai contractés avec vous, » par les entraves que j'éprouve. Le garde-magaſin ne » veut pas me livrer des ſacs vúides. Il y a quelques » jours, on avoit refuſé de rien recevoir de moi. Les

» meuniers ont leurs farines prêtes; il n'y a perfonne
» commife pour la recevoir. Le garde-magafin a un ordre
» du citoyen Auguier, (adminiftrateur de la manuten-
» tion, députe à l'armée,) de ne recevoir aucunes den-
» rées. Je fuis obligé de contre-mander la farine qui
» doit arriver d'outre-Rhin, d'après les marchés que j'ai
» paffé avec vous, &c. ».

Ce ne fut que le 7 février que je pus arracher du commiffaire général Villemanzy, l'ordre au commiffaire des
guerres à Landau, de recevoir fur le champ les denrées
dans les magafins. Ce fait eft prouvé par la lettre que
je reçus de lui ce jour. A chaque pas je rencontrois de
ces décourageantes difficultés.

Souvent j'étois inftruit au moment de leur départ, que
plufieurs régimens de cavalerie changeoient de cantonnement pour aller dans des lieux où il n'y avoit aucun
magafin : (*Lettres de Villemanzy*, *des* (P) 11 & 21 (Q)
janvier,) d'autres fois, je recevois des états de fituation
fautifs, d'après lefquels je prenois de fauffes mefures qui
expofoient un cantonnement à manquer des fourrages
qui étoient furabondans dans un autre, & qui me li-
vroient aux infultes de quelques officiers fupérieurs. Que
feroit-ce fi je détaillois la morgue infolente de plufieurs
des prépofés, dont il me falloit recevoir les ordres, &
du defpotifme de plufieurs des chefs? Dès le 5 janvier,
le général Cuftines me difoit, en préfence *des anciens
adminiftrateurs* & des commiffaires de la Convention
nationale, *qu'il me vouoit à l'exécration de l'armée.*

Dès ce moment, il fe permit envers moi les mêmes
imputations qu'il a répétées trois mois après dans fa

lettre à la Convention. Je ferai à cet égard une première réflexion. Pourquoi m'accufoit-il fans preuve? que
dis-je, fans motifs, fans prétexte, s'il n'avoit à m'oppo-
fer que le malheur de lui déplaire? ou s'il me favoit
coupable, pourquoi ne m'a-t-il pas interdit toute opération dans fon armée? Seroit-ce que le premier avril,
lorfqu'il écrivit fa lettre, il n'auroit eu qu'un de fes ac-
cès de colère, comme au 5 janvier, lorfqu'il m'acca-
bloit de fes menaces?

Quoi qu'il en foit, j'ai fait le fervice fans interrup-
tion, au milieu de tous ces obftacles, & harraffé par toutes ces difficultés jufqu'au premier mars; je l'ai fait fou.
les yeux, & comme on le verra, avec l'approbation
bien flatteufe des commiffaires de la Convention, dont
la préfence put feule ranimer mon courage, & dont l
fuffrage enfuite fut la récompenfe de mes travaux.

Je rendis mes comptes le 12 mars, en préfence d
commiffaire-ordonnateur de l'armée, & des adminiftrateurs nommés à cet effet. Le procès-verbal qui fut dreff
alors, prouve que je laiffois près de huit cents mille franc
en caiffe, & tous les magafins remplis de vivres & d
fourrages. J'imprimerai, au refte, à la fuite de ce Mé
moire, le réfultat des marchés que j'ai paffés, & c
tableau feul prouvera de quelle activité j'ai eu befoi
pour remplir mes devoirs; comme les faits que je vien
de rapporter, & toutes les pièces qui les juftifient, indi
quent avec quelle intention fuivie on a cherché à en
traver ma marche, & en général toutes mes opérations
à me décourager, & à me forcer d'abandonner le poft
qui m'étoit confié.

Après tant d'obſtacles, & beaucoup d'autres préparés à deſſein pour faire manquer le ſervice, j'ai dû être étonné d'apprendre qu'on m'accuſoit de perfidie. J'oſerai demander de quel côté elle eſt évidente. Je demanderai par qui les intérêts, la gloire de la République ont été oubliés, & ſi le moindre ſoupçon de perfidie ne peut tomber ſur moi ? Je ne penſe pas qu'on oſe en accuſer non plus Théodore Cerf-Berr, mon frère & mon co-régiſſeur, à moins qu'on ne veuille honorer de cette dénomination ſa conduite, lorſqu'il eut le courage d'aller avec le commiſſaire de la Convention Merlin., accompagné de quatre hommes, enlever à main armée, & au péril de ſa vie, cinq à ſix mille ſacs défendus par ſeize Pruſſiens, qu'ils mirent en fuite. Voilà des traits que devoit publier le général Cuſtines ; voilà ce qui devoit l'éclairer ſur nos ſentimens & notre conduite, ſi, par des motifs qu'il n'eſt pas de mon reſſort d'examiner, il n'eût conſenti à être trompé ſur ce qui me concerne. Au moins mes concitoyens ne le feront pas, & leur eſtime me vengera de ſes outrages.

Je me préſente à eux avec ma conduite entière ; chacune de mes démarches eſt conſtatée par mes regiſtres, par ma correſpondance. Je dépoſe toutes ces pièces dans les mains de la Convention nationale, & je demande qu'elle me juge ; mais avec moi, comparoiſſent auſſi pour m'y défendre, les trois députés, ſes commiſſaires, qui ont dû être mes premiers juges, le général Wimpffen qui a commandé l'armée pendant une partie du temps qu'a duré mon ſervice. Enfin, le commiſſaire-général

Vilmanzy lui-même, dont le suffrage à mon égard
peut être suspect. Voici ce qu'ils attestent.

Nous Députés à la Convention nationale de la [R]é
publique françoise, & ses Commissaires aux armées [du]
Rhin, des Vosges, & de la Moselle, —— attestons à t[ous]
& en chacun, qu'il appartiendra, qu'il ne nous est
venu aucune plainte fondée sur la gestion des citoy[ens]
Baruch & Théodore Cerf-Berr, régisseurs du comité [des]
achats à l'armée des Vosges. Que les magasins des [vi]
vres & fourrages sont en bon état à leur départ, & en[fin]
qu'ils ont mis dans l'exercice de leurs fonctions tout [le]
zèle & le patriotisme dont ils étoient susceptibles.

Fait à Mayence, le 12 Mars 1793, l'an 2e. de la [Ré]
publique françoise.

Signé N. HAUSMAN, REUBELL, MERL[IN]

Je certifie que les citoyens Baruch & Théod[ore]
Cerf-Berr, régisseurs du comité des achats de l'armée [des]
Vosges, se sont bien conduits ; qu'ils ont mis un gra[nd]
zèle & une grande activité dans la gestion de leurs [af]
faires, & qu'ils ont rempli leurs fonctions avec exac[ti]
tude pendant tout le tems que j'ai eu le commandeme[nt]
de l'armée.

Fait à Mayence, le 13 Mars 1793, l'an 2e. de la [Ré]
publique françoise.

Signé le Général divisionnaire commandant l'arm[ée]
des Vosges, FRANÇOIS WIMPFFEN.

No

Nous commiffaire général & ordonnateur de l'armée des Vofges, fouffignés, déclarons & certifions à tous qu'il appartiendra, que les citoyens Baruch & Théodore Cerf-Berr qui, en qualité de régiffeurs du directoire des achats pour les fubfiftances militaires, en ont rempli les fonctions à ladite armée, depuis le 25 décembre dernier jufqu'au 12 de ce préfent mois de mars, ont pourvu à toutes les parties de ce fervice avec autant dintelligence & de zéle, que d'activité & de fuccès, en forte que, pour rendre témoignage à la vérité, nous n'avons que des éloges à leur donner de la célérité avec laquelle ils ont approvifionné les magafins de l'armée, & de la manière avec laquelle ils ont facilité le fervice des fubfiftances, ayant laiffé les magafins à l'époque de la ceffation de leurs fonctions, auffi abondamment remplis que les circonftances & le peu de durée de leur fervice ont pu permettre. En foi de quoi nous leur avons donné la préfente atteftation pour leur valoir & fervir ce que raifon.

Fait à Mayence, le 14 mars 1793, l'an II de la République françaife.

Signé P. B L A N C H A R D, V I L L E M A N Z Y.

R É S U M O N S.

J'ai été accufé par le général Cuftines ; il m'impute un forfait qui me rendroit très-criminel : je l'adjure, au nom de la patrie, de précifer les faits qui motivent fon accufation, & les preuves qui la juftifient. Jufqu'à ce qu'il y foit parvenu, je m'entoure de ma conduite en-

C

tière : tous ceux dont le devoir étoit de la surveiller atteftent qu'elle a été celle d'un bon citoyen & d'un adm niftrateur courageux & actif ; toutes les pièces qui e énoncent chaque détail, prouvent que j'ai rempli to mes devoirs avec zèle ; que j'ai souvent rappelé aux autre le leur avec quelqu'énergie, & que j'ai toujours com battu avec chaleur les abus qui nuifoient au bien d fervice. Le général m'impute la perte des fourrages & grains qu'il a été obligé de faire brûler ou jeter à l'eau le 30 mars ; & depuis un mois alors, j'avois termin mon fervice des fubfiftances ; depuis trois femain j'avois quitté l'armée.

Il m'accufe d'avoir amaffé à Vorms, malgré fes ordre des magafins de farine, qui excédoient de huit mille fac les approvifionnemens qu'il m'avoit prefcrit d'y place Jamais je ne fuis parvenu à y completter, à beaucou près, ce qu'il exigeoit qu'on y laifsât ; j'ai prouvé qu jamais il n'étoit entré par moi, dans cette ville, qu 3221 facs de farine, d'où il réfulte que des fonctionnaire affez effrontés pour en réclamer 11,221, veulent s'e approprier 8,000 aux dépens de la nation.

Enfin, il m'accufe de n'avoir pas fait opérer un ve fement qui auroit mis à l'abri de toute atteinte ces im menfes magafins ; & jamais le foin de ce verfement n m'a concerné ; jamais je n'ai eu le droit de le prefcrire mais ce à quoi je n'étois pas obligé, & ce que j'ai fai fans ceffe, j'en ai réclamé l'ordre de ceux qui devoien le donner : en deux mots, j'ai toujours fait mon devoir & j'ai empêché quelques maux, en empêchant plufieur fois les autres d'oublier le leur.

Je termine par un fait qui fera naître quelques ré-flexions. Un de mes frères a été chargé aussi par le directoire, de remplir à l'armée de Dumouriez la même mission que celle qu'on me confioit à l'armée de Custines: comme moi, il a eu à lutter, à chaque pas, contre des hommes qui cherchoient à arrêter sa marche & à entraver ses opérations; comme moi, il a combattu avec courage, & il a eu le bonheur de vaincre toutes les difficultés qu'on lui opposoit, d'assurer le service & de faire son devoir; comme moi, il a été calomnié.

Il venoit de publier un mémoire expositif de sa conduite, lorsque Dumouriez a completté sa justification.

BARUCH CERF-BERR.

PIÈCES JUSTIFICATIVES

Quartier-général, à Mayence, le 8 janvier, 1793, l
IIe de la République française.

*COPIE de la lettre du citoyen Baruch Cerf-Berr, régisseur
l'armée des Vosges, au citoyen commissaire-général Villemanz*

(A) J'AI reçu votre lettre du 8 de ce mois, par laquelle v
m'informez des restans en fourrages audit jour.

Pour approvisionner Mayence de l'excédant de ce qui doit re
à Worms, je vous prie de vouloir bien en faire opérer le versem
ici, par des voitures d'ordonnance, faute d'autres.

J'envoi un de mes agens à Alzai, aux fins que vous m'indiqu
je lui recommande de s'y procurer, ainsi que dans les enviror
toutes les ressources dont ils sont susceptibles.

A l'égard des cantonnemens, je vous prie de recommander
citoyens Auguier & Poncet, de me remettre un état de tous c
où il y a des marchés locaux passés, jusqu'à quelle époque, &
ceux où il n'y en a pas.

Pour copie conforme à l'origina

BARUCH CERF-BERR.

Quartier-général à Mayence, 15 janvier 179
l'an II. de la République française.

*COPIE de la lettre du citoyen Baruch Cerf-Berr, régisseur
l'armée des Vosges, au citoyen commissaire général Villemanzy*

J'ai eu l'honneur de vous informer, par ma lettre du 9 de
mois, que le garde-magasin des fourrages à Worms, s'étoit pern

de refuſer de recevoir des foins & avóines provenant des achats de
mes prépoſés ; je vous prie de donner des ordres pour qu'ils ſoient
reçus ; vous les avez ſûrement donnés, mais ces mêmes denrées ſont
encore dehors, ce qui prouve que ce garde-magaſin n'eſt nullement
dans le ſens des intérêts de la république, ni du bien du ſervice de
l'armée, puiſque ces denrées, expoſées à l'intempérie de la ſaiſon,
ne peuvent que s'avarier. Je vais faire un tableau, au miniſtre, de
toutes les entraves que mon ſervice éprouve chaque jour : il ſemble
que l'on calcule le ſuccès de mes opérations, pour en arrêter les
progrès.

Le garde-magaſin des fourrages, à Mayence, ſe comporte fort
mal auſſi envers les fourniſſeurs, & il eſt temps de réprimer de
pareils abus.

Pour copie conforme à l'original.

BARUCH CERF-BERR.

Quartier-général, à Mayence, le 18 Janvier 1793,
l'an II de la République françaiſe.

*C O P I E de la lettre du citoyen Baruch Cerf-Berr, régiſſeur de
l'armée des Voſges, au citoyen commiſſaire général Villemanzy.*

(B) Comme les magaſins de la place de Frankental ſont remplis, veuillez bien, je vous prie, donner vos ordres pour autoriſer
le verſement des denrées ſuperflues, ſur la place de Landau.

Pour copie conforme à l'original.

BARUCH CERF-BERR.

Quartier-général, à Mayence, le 18 janvier 179
l'an II de la République françoise.

*COPIE de la lettre du citoyen Baruch Cerf - Berr , régisseur
l'armée des Vosges , au citoyen commissaire général Villemanzy*

(C) Je vous prie de donner des ordres pour qu'il soit mis
emplacemens à la disposition de mes préposés, dans la place
Turckheim , afin de pouvoir en placer les denrées qui y s
destinées.

our copie conforme à l'origina

BARUCH CERF-BERR.

Quartier-général , à Mayence , le 20 janvier 179
l'an II de la République française.

*COPIE de la lettre du citoyen Baruch Cerf - Berr , régisseur
l'armée des Vosges, au citoyen commissaire général Villemanzy*

(D) Mon agent à Frankental m'a mandé que les magasins
cette place étoient pleins ; & comme il a passé, ainsi que moi,
marchés pour cette place, & que je ne connois pas la continence
emplacemens , ni même la consommation, il s'ensuit qu'il ne m'
pas possible de vous faire connoître l'objet superflu ; mais je pe
que vous n'en pouvez pas moins donner vos ordres pour le ver
ment sur Landau , proportion gardée de la consommation qui d
être connue du commissaire des guerres en cette place ; dans le
contraire, il y auroit à craindre un engorgement & peut-être u
avarie sur les denrées qui ne seroient point renfermées.

Pour copie conforme à l'origina

BARUCH CERF - BERR.

Quartier-général, à Mayence, le 7 février 1793,
l'an II de la République française.

*EXTRAIT de la lettre du citoyen commiſſaire général Villemanzy,
au citoyen régiſſeur Baruch Cerf-Berr.*

Je vous préviens que, conformément à vos déſirs, j'écris au citoyen commiſſaire des guerres de Landau, de veiller à ce qu'à l'avenir les denrées que vos agens livreront, ſoient reçues ſur-le-champ dans les magaſins.

Pour copie conforme à l'original.

BARUCH-CERF-BERR.

Quartier-général, à Mayence, le 12 février 1793,
l'an II de la République française.

*EXTRAIT de la lettre du citoyen commiſſaire général Villemanzy,
au citoyen régiſſeur Baruch Cerf-Berr.*

(E) Je vous ai informé, depuis le 1er février, des verſemens qui alloient avoir lieu, & ils doivent s'effectuer, dans ce moment-ci, des places de Frankental, Spire & Worms, ſur Mayence & Landau.

Je viens de recevoir une dépêche qui m'annonce que, dans les magaſins de Spire & Frankental, l'avoine eſt à-peu-prés en même quantité; il faudroit que vous ſongeaſſiez à augmenter les rentrées de cette dernière denrée ſur ces deux places.

Pour copie conforme à l'original.

BARUCH-CERF-BERR.

Quartier-général, à Mayence, le 19 février 1793,
l'an II de la République française.

*COPIE de la lettre des citoyens régiſſeurs Baruch & Théodore
Cerf-Berr, régiſſeurs, au citoyen commiſſaire général Villemanzy.*

Nous vous adreſſons ci-joint copie de la lettre du citoyen Auguier

& du citoyen commiſſaire des guerres Eugene, en date de ce jo
par leſquelles vous verrez l'état de pénurie de foin, dans laquell
trouve la place de Mayence, après nous avoir tranquilliſés v
même, il y a huit jours, ſur le ſervice, en nous diſant d'être l
inquiétude, & qu'il étoit aſſuré pour deux mois, ſuivant l'état
vous aviez, & d'après les ordres que vous aviez d'abord donn
d'opérer un verſement de cette denrée, de Worms ſur Mayen
évalué à environ 10,000 quintaux.

Si vos ordres ſont mal exécutés, la reſponſabilité du ſervice
doit pas peſer ſur nous; malgré que l'on nous faſſe craindre
circonſtances imprévues, l'armée ne doit pas en dépendre ſans do
C'eſt donc à vous, citoyen commiſſaire général, de veiller à l'
cution de vos ordres, & nous vous prions de les réitérer pou
verſement des foins de Worms ſur Mayence, proteſtant d'av
contre toute reſponſabilité, ſi le ſervice venoit à manquer.

Pour copie conforme à l'origin.

BARUCH ET THÉODORE CERF - BERR

Quartier-général, à Mayence, le 20 février 17
l'an II de la République françaiſe.

*EXTRAIT de la lettre du citoyen commiſſaire général Villeman
au citoyen régiſſeur Baruch Cerf-Berr.*

(F) Vous n'ignorez pas les ordres que j'ai donnés & que
renouvellés aujourd'hui pour le prompt verſement ſur Mayence
l'excédant des foutrages exiſtans tant à Worms qu'à Frankenta

Pour copie conforme à l'origin.

BARUCH CERF-BERR

Co

COPIE *de l'ordre d'emplacement fur les approvifionnemens , vivres , vu & approuvé par le général Cuftines, au quartier-général , à Mayence, le 30 décembre 1792, l'an II de la république françoife.*

(G) On ne confervera , à Worms , que 4,000 facs, tant pour la fubfiftance des troupes qui y font cantonnés, ou environ , que pour fes moutures.

On entretiendra la même quantité à Turckheim & pour les mêmes motifs.

Le furplus devra être évacué , fans délai, fur Landau , Turckheim & Mayence.

L'intention du général Cuftines eft en conféquence que l'on s'occupe , le plutôt poffible , de réduire à 4,000 facs l'approvifionnement de Worms.

Pour copie. *Signé* VILLEMANZY.

Pour copie conforme à l'original.

BARUCH CERF-BERR.

Au quartier-général, à Mayence, le 9 févr.
1793, l'an II de la République française.

COPIE *de la lettre du citoyen commiſſaire général Villemanzy ,*
citoyen régiſſeur Baruch Cerf-Berr.

(I) Je prie le citoyen Baruch Cerf-Berr de vouloir bien
faire dire , ſur-le-champ, quand on commencera à verſer ſur Wor
les 2,000 ſacs de farine qu'il y deſtine , & quel eſt le motif
retard de cette livraiſon. Je le prie auſſi de me faire connoître
nom du fourniſſeur , & d'où il tire ſes farines.

Pour copie conforme à l'origina

B ARUCH C ERF-B ERR

Quartier-général, à Mayence, le 9 février 179
l'an II de la République française.

COPIE *de la lettre du citoyen régiſſeur Baruch Cerf - Berr ,*
citoyen commiſſaire général Villemanzy , en réponſe à la ſier
du même jour.

(L) Au déſir de votre lettre de ce jour , vous trouverez ci-jo
eopie du marché que vous demandez; demain , l'un de nous ſe ren
chez vous à l'heure que vous indiquez.

Pour copie conforme à l'origina

B ARUCH C ERF-B ERR

Au quartier-général, à Mayence , le 21 février 17
l'an II de la République françaiſe

EXTRAIT *de la lettre du citoyen commiſſaire général Villeman*
au citoyen régiſſeur Baruch Cerf-Berr.

(M) Il faut auſſi que vous complettiez à 4,000 ſacs , Wo

& Turckheim , à la même quantité, & que vous les entreteniez à ce taux d'approvifionnémens.

Pour copie conforme à l'original.

BARUCH CERF-BERR.

Au quartier-général , à Mayence, le 14 décembre 1792, l'an II de la République françoife.

COPIE *de la lettre du citoyen commiffaire général de Villemanzy , au citoyen Baruch Cerf-Berr , régiffeur des fubfiftances militaires à Mayence.*

(N) J'ai reçu, citoyen, la lettre que vous m'avez écrite aujour-d'hui, d'après laquelle vous me donnez avis d'une dépêche, en date du 9 de ce mois , qui vous eft parvenue du directoire des fubfiftances militaires, par un courier extraordinaire ; qu'à cette dépêche étoit joint un mandat du même directoire, fur le payeur de l'armée à Mayence, d'une fomme de 240,000 liv. deftinée à vous donner les moyens de commencer vos achats en vivres & fourrages néceffaires pour la fubfiftance de l'armée.

Vous m'informez encore qu'auffitôt la réception du courier, vous vous êtes préfenté chez le payeur , mais qu'il avoit refufé d'acquitter ce mandat, faute d'avoir reçu un ordre qui l'y autorisât. En confé-quence, vous me requerez d'enjoindre au payeur de remettre, fans délai, entre vos mains, ladite fomme de 240,000 liv.

Ayant reçu du miniftre de la guerre, & notamment par fa lettre du 29 novembre, les ordres les plus pofitifs de ne faire délivrer aucuns fonds pour achats, fans qu'il ne m'y ait autorifé , il me de-vient impoffible de mettre à exécution ce que vous exigez de moi.

Néanmoins, vu les circonftances qui exigent impérieufement un plus grand raffemblement de fubfiftances, j'ai cru devoir foumettre votre demande au général en chef Cuftines ; mais fa réponfe a été que ce qui exifte en caiffe & en numéraire chez le payeur , étant à peine fuffifant pour acquitter le prêt , les dépenfes des fortifica-

D 2

tions & autres extraordinaires, pendant le mois de décembre,
ne lui étoit pas possible, d'en distraire un seul écu.

Vous voyez donc, citoyen, qu'au moins, pour le moment, vo
ne pouvez pas compter sur le numéraire qui existe dans la caisse
payeur de l'armée ; cependant, nos besoins en subsistances sont u
gens, & je ne doute pas que par une suite de votre zèle, de vo
patriotisme & de la confiance particulière que l'on vient de vo
donner, vous ne trouviez des ressources qui vous permettent de lev
les obstacles de défaut de numéraire dans lequel nous nous trouvor
& que vous les emploierez de la manière la plus utile pour l'arm
de la république française, soit en favorisant de tout votre crédit
rentrée des denrées des anciens marchés que vous me mandez qu
est avantageux de laisser subsister, soit enfin de nouveaux achat
suivant que vous le croirez plus convenable.

Pour copie conforme à l'origina

Baruch Cerf-Berr.

A Landau, le 11 janvier 1793, l'an II de la République françai

*Copie d'une lettre du citoyen Probst, commissaire des guerres
Landau, au citoyen Amschel Cahen, préposé aux achats
fourrages à Landau.*

(O) En vous faisant connoître, ce que vous ne devez pas ignor
qu'il ne reste plus que 1041 quintaux de foin dans les magasins
cette place, qui suffiroit à peine pour le service, jusqu'au 15 de
mois, vous voudrez bien m'instruire des ressources que vous vo
promettez des achats dont vous êtes chargé pour assurer le servic
j'attends votre réponse.

Pour copie conforme à l'origina

Baruch Cerf-Berr.

Quartier-général, à Mayence, le 11 janvier 1793,
l'an II de la République françaife.

*COPIE de la lettre du citoyen commiffaire général Villemanzy, au
régiffeur Baruch Cerf-Berr.*

(P) Je vous préviens que demain, 12 du courant, le huitième
régiment de chaffeurs à cheval partira, ainfi qu'un régiment de
grenadiers, pour fe rendre à Creutznach; il eft néceffaire que vous
affuriez les fubfiftances en fourrages dans cette place.

Pour copie conforme à l'original.
BARUCH CERF-BERR.

Mayence, le 21 janvier 1793, l'an II de la République françaife.

*COPIE de la lettre du commiffaire général Villemanfy, au régiffeur
Baruch Cerf-Berr (1).*

(Q) Je vous préviens que le général Cuftinés vient d'expédier
des ordres pour faire paffer le fecond régiment de cavalerie, qui eft
à Gemlenheim,

à Luberfeim, ⎫
Hackenheim ⎬ près de Creutznach.
Bofeuheim. ⎭

Et le douzième régiment auffi de cavalerie, qui eft à Nackenheim,

à Geffingen, ⎫
Ippesheim ⎬ fur la route de Bingen à Creutznach;
& Planick. ⎭

Ces deux régimens feront demain 22, dans les cantonnemens ci-
deffus; ils font prévenus de fe pourvoir de fourrages jufqu'au 25.

Je vous prie de pourvoir à cette fourniture pendant que les troupes
refteront cantonnées dans les lieux ci-deffus.

Pour copie conforme à l'original.
BARUCH CERF-BERR.

---

(1) Il eft bon d'obferver que cette lettre n'a été reçue que le lendemain
22, à 9 heures du foir.

État des Marchés faits en Vivres, depuis le 25 Décembre 1792, au premier Mars 1793, l'an 2ᵉ. de la République.

Froment, ...	25,563 facs à 204 liv. le fac.
Farines, ...	19,150 facs à 204 id.
Seigle, ...	10,430 facs à 204 id.
Riz, ...	8,850 quintaux.
Légumes fecs, ...	9,000 quintaux.
Orge, ...	3,700 facs.
Sacs vuides, ...	39,200 facs vuides.

Prix communs.

	liv.	f.	d.
Froment, ...	27	6	»	»
Farines, ...	30	»	»
Seigle, ...	20	6	»
Riz, ...	43	9	»
Légumes fecs, ...	22	4	3
Orge, ...	19	18	»
Sacs vuides, ...	3	2	9

État des Marchés faits en Fourrages, depuis le 25 Décembre 1792, au premier Mars 1793, l'an 2ᵉ. de la République.

Foin, ...	110,720 quintaux.
Paille, ...	176,130 quintaux.
Avoine, ...	75,819 facs.
Epautre, ...	49,650 facs.

Prix commun.

	liv.	f.	d.
Foin, ...	7	15	10
Paille, ...	4	1	8
Avoine, ...	15	19	4
Epautre, ...	15	11	»

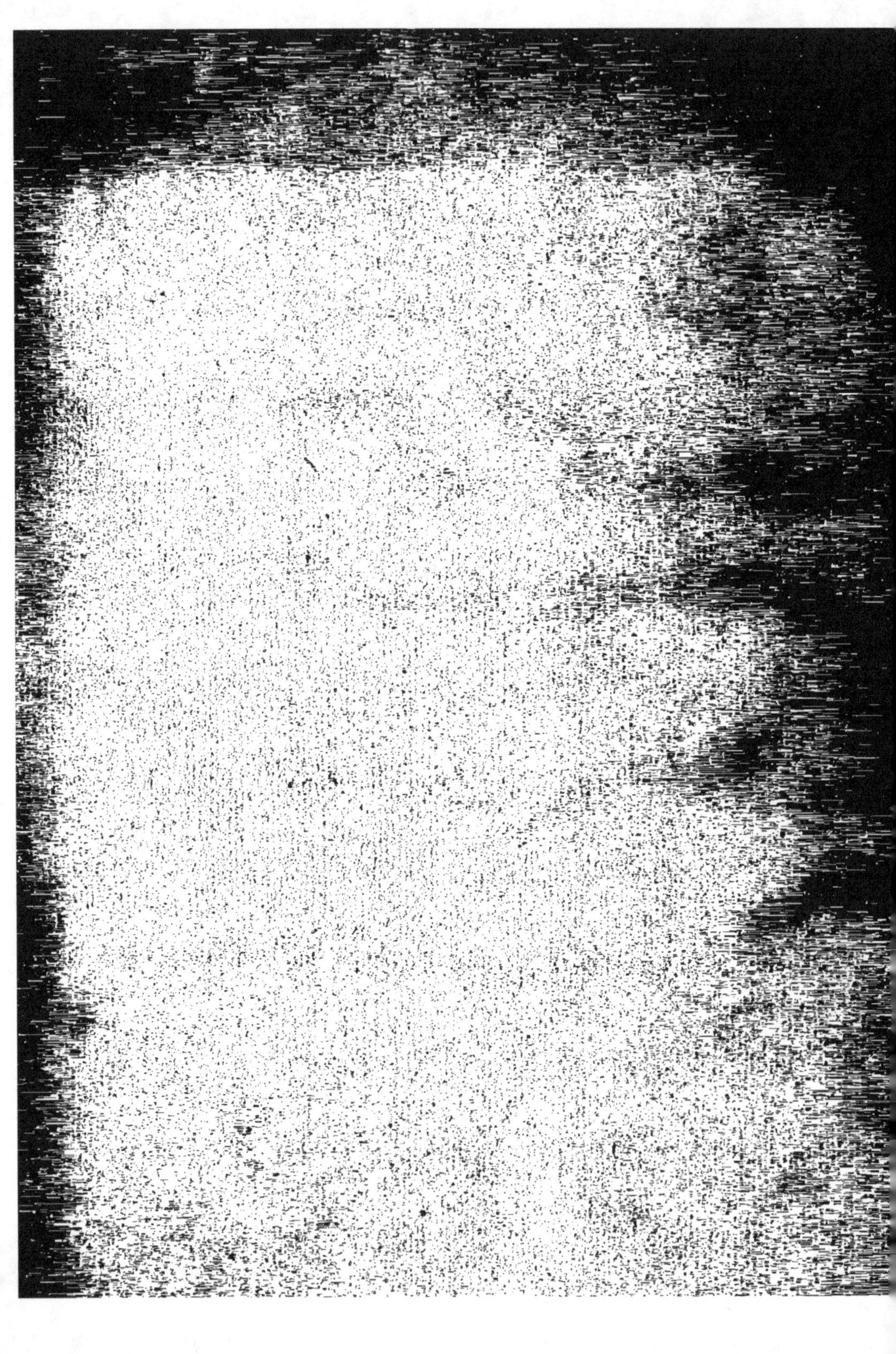